## 编委会

主　编：李　唯

编委会：黄蓓红　王　杰　吴湘梅　范莒媛
　　　　王凯莉　饶珊珊　何佳华　曹　聪
　　　　胡　禛　杨秋玲　李亚文　毛婷婷
　　　　黄茹燕　陈怀超

# 你的梦想很美丽

李唯◎主编

中国大百科全书出版社　　知识出版社

图书在版编目（CIP）数据

你的梦想很美丽 / 李唯主编 . -- 北京：知识出版社，2023.1

（小学生生命关怀书系）

ISBN 978-7-5215-0622-8

Ⅰ . ①你… Ⅱ . ①李… Ⅲ . ①心理健康 – 健康教育 – 小学 – 教学参考资料 Ⅳ . ① G444

中国版本图书馆 CIP 数据核字（2022）第 224747 号

## 你的梦想很美丽　　李　唯　主编

出 版 人：姜钦云
责任编辑：吴永星
责任印制：李宝丰
出版发行：知识出版社
地　　址：北京市西城区阜成门北大街 17 号
邮　　编：100037
网　　址：http://www.ecph.com.cn
电　　话：010-88390659
印　　刷：天津光之彩印刷有限公司
开　　本：650 毫米 ×920 毫米　1/16
字　　数：82 千字
印　　张：11
版　　次：2023 年 1 月第 1 版
印　　次：2023 年 3 月第 1 次印刷
书　　号：ISBN　978-7-5215-0622-8
定　　价：30.00 元

# "小学生生命关怀书系"序言

　　李唯校长和她的同事们秉承"生命关怀为本、幸福发展至上"理念所编著的"小学生生命关怀书系"即将出版，可喜可贺。李校长嘱托我写序，我对这套书系所涉猎的主题也十分感兴趣，特坦言两点体会，以作交流。

　　一、关怀的关键在于关怀关系的建立

　　主张教育要"生命关怀为本"是非常正确的；但是，广大教育工作者需要谨记在心的是：关怀的关键在于关怀关系的建立。

　　关怀并不是一种事先就存在的事物，关怀只会发生在关怀关系之中。美国著名教育哲学家内尔·诺丁斯所言"关怀是一种关系"，最大的理论贡献即在这里。若教师或者学生只是在单方面"想"关怀他人，或者只是单方面按照自己的想象去开展所谓"关怀"他人的活动，关怀十有八九不会真实发生。许多关怀失败的教师、家长都抱怨学生说，自己为孩子们"操碎了心"，孩子们却一丁点儿都不领情，所以孩子都是"白眼狼"。殊不知，问题不在学生，而在教育者自身的所谓关怀并没有建立在真正的"关怀关系"之上。一个不能设身处地站在对方（被关怀者）立场上想问题，不能真正理解、切实感动、有效帮助到对方，不能让对方"有获得感"的人，是不可能实施有效关怀的。

所以，重点不是要不要关怀，而是如何实现有效的关怀。关怀教育不是单方面的认知、情感的品德培育，关怀能力提升的关键在于培育关怀者实现"动机移置"，建立关怀关系的意识、情感与能力。

二、幸福生活是对肤浅快乐的超越

幸福生活是人生的终极追求，当然也是教育的根本目标。"幸福发展至上"的理念是完全正确的。理解幸福的关键在于：

幸福生活应当是对肤浅快乐的超越。

在日常生活里，许多人将幸福与快乐相等同。喝一瓶啤酒也"幸福死啦"，故儿童的幸福有可能就是满地撒欢那种令人感动的感性的"欢快"。如果这样理解幸福，幸福的教育就会让孩子在快感中沉沦，真正的教育永远都不会发生。

应该承认，完整的童年是需要"快乐"，包括游戏等的快乐的；但教育最需要提供的，不是肤浅的快乐，而是精神的愉悦。"幸福发展"一方面是身心健康、劳逸结合、自由个性意义上的"全面发展"；另一方面，也许更重要的应当是：孩子通过教育愉快学习，进而通过愉快学习获得精神上的享用——孩子们当下就能获得对已有人类文化的欣赏、掌握的愉悦，更有创造新文化、推进新文明的幸福。因此，教育活动追求内容与形式上的"美感"十分重要。因为在对教育内容与形式之美的欣赏中，孩子们获得的一定是精神意义上的幸福感。

由衷希望"小学生生命关怀书系"对"生命关怀为本、幸福发展至上"理念的用心坚持能够对有相同追求的教育界同人有借鉴意义。

檀传宝

2021 年 2 月 24 日　于京师园三乐居

（檀传宝，北京师范大学教育学部教授、学部学术委员会主席，北京师范大学公民与道德教育研究中心主任，全国德育学术委员会理事长）

# 憧　憬

憧憬是对美好事物的向往

憧憬是对美好未来的渴望


憧憬让我们怀着欣喜之心踏上了追寻美好事物之旅

憧憬让我们拼尽全力开创属于我们自己的美好未来


未来需要憧憬

未来更需要创造

憧憬未来需要我们眼中有目标

创造未来需要我们心中有信念


憧憬未来激发了个体生命的活力

创造未来唤醒了个体生命的潜能


"未来不是我们要去的地方，而是我们要创造的地方。"

人生终究是一段充满魅力的自我创造的旅程……

—— 李　唯

# 目 录

# 第一课
# 让生命之花精彩绽放

人只有一次生命，有的人活得潇洒精彩，有的人却碌碌无为地走完一生。人生在世，如何在有限的生命中充分体现自我的价值呢？其实，只要我们心怀憧憬，遇到困难不退缩，始终朝着目标不懈努力，每个人都能活出自己的精彩人生，让自己的生命之花精彩绽放！

# 我要扼住命运的咽喉

人在一生当中，难免会遇到一些挫折，关键是我们如何去面对它。当身处逆境的时候，有的人就此消沉，屈服于命运的安排；而有的人却通过自己的努力，通过对自己理想信念的坚守，让自己的生命之花精彩绽放！贝多芬就是当中的一个代表人物。

贝多芬家境贫困，父亲是一名男高音歌手；但是，经常酗酒，脾气暴躁。年少的贝多芬承担起家庭生活的重担，他11岁就开始在戏院乐队工作，补贴家庭生活的开支。17岁那年，他深爱的母亲离他而去，父亲也将家里的积蓄挥霍尽了。

即使如此，贝多芬也仍然为成为一名音乐家而努力，因为他热爱音乐。正当他准备在音乐领域大展身手的时候，命运却和他开了一个玩笑，他的听力开始急剧下降。音乐是听觉的艺术，听觉对于音乐家意味着一切，他是否能继续创作音乐都成了问题。

30岁后，他的听觉能力更差了，这使得他非常痛苦，性格也更加孤僻，甚至想到结束自己的生命；但是，他心中充满着创作美好音乐的强烈愿望，这个愿望鼓励着他与命运做斗争。他在日记中记录了自己人生的最强音："我要扼住命运的咽喉，它不能使我完全屈服！"

45岁时，贝多芬完全丧失了听力，只能用笔记本和别人交流，作曲时，常把一根细木棍咬在嘴里，借以感受钢琴的振动。他用自己无法听到的声音，倾诉着自己对大自然的挚爱，对真理的追求，对未来的憧憬。《命运交响曲》就是贝多芬在完全失去听觉的情况下创作的，它反映了人类和命运搏斗、最终战胜命运的主题。这也是贝多芬的人生写照。1827 年 3 月 26 日，一个雷雨交加的夜晚，音乐巨人与世长辞。那时，他才 57 岁。

贝多芬的伟大绝不仅在于他是一名出色的音乐家，更在于他在面对人生苦闷与磨炼时展现出的巨大的毅力和勇敢，通过自己的努力让生命之花精彩绽放。

## ◎ 圆桌派

1. 贝多芬失聪后,他为了继续创作音乐,付出了哪些努力?

_____

_____

2. 假如你是贝多芬,你会怎样面对生活中遇到的种种困难?

_____

_____

3. 你从贝多芬身上学到了什么?

_____

_____

## ◎ 活动坊

### 活动1：谈一谈

请小组内同学搜集身边的相关素材，分享一件原本以为做不到，但是凭借着热爱和努力，最终取得成功的事例。

最后由各小组推选一位代表上台发言。

### 活动2：说一说

不给自己设限，人生才能有更多可能。同学们，你的兴趣是什么？你最想实现的目标是什么呢？

在向目标进发的过程中，难免会遇到一些困难。请你和同桌说一说，假如你在努力过程中遇到了困难或者挫折，你会怎样克服它，从而实现生命的无限可能呢？

## ◎ 拓展营

### 拓展：议一议

材料一：在印度或泰国常常可以看到一个令人深思的现象：一条细细的铁链就能拴住千斤大象。原来，训象人在大象还很小的时候，就将其用一条铁链拴住。小象力弱，自然无法挣脱。时间长了，逐渐长大的小象便习惯于认为，细细的铁链无法挣脱。

材料二：美国心理学家阿里克森博士认为，任何人在自己感兴趣的领域经过 10 年的训练，都可以成为天才。

读了这两则材料后，你有什么想法？请和同学们讨论一下。

## 俞敏洪的"蜗牛"人生

新东方创始人俞敏洪曾说过，能够到达金字塔顶端的只有两种动物，一种是雄鹰，另外一种是蜗牛。

雄鹰靠飞就能够轻轻松松到达金字塔的顶端，而蜗牛只能靠爬。这个爬的过程也不是一帆风顺的，蜗牛一定是爬上去，掉下来，再爬，再掉下来，再爬……如果一只蜗牛有不断坚持掉下来继续爬的毅力，那最终它所看到的世界、所获得的成就，跟雄鹰是一模一样的。

俞敏洪身上就有那只不断向上爬的蜗牛的影子。

很多人不知道，作为新东方创始人的俞敏洪参加过三次高考，而曾拖后腿的竟是他现在的强项——英语。

"第一年高考，我英语考了 33 分，差了 5 分。于是，我回到农村干农活去了。"俞敏洪边干农活边自学，"当时，农村还没有电灯，我每天在煤油灯底下学。第二次参加高考，我进步了，英语考了 55 分；但是，我报考的那所学校的录取分数线也涨了——60分，结果又差了5分。"

在一片质疑声中，俞敏洪坚持再读一个高三。当年暑假，俞敏洪报了一个英语补习班。有了前两年的积累，加上最后一年的拼命用功，"高五生"俞敏洪英语得了90分，最终被北大录取。俞敏洪从江苏的农村来到了北京。

"大学期间，我从未进入全班前40名；但我没有因此放弃自己，一天内背不下课文，我就花一周的时间天天背，到最后可以脱口秀。"俞敏洪说，在与同学智商相当的情况下，唯一能胜出对方的是超常的努力加毅力。俞敏洪直言，自己不是天才，在脑海里库存的3万多个词汇，不是哪一天哪几个月积累下来的，而是这么多年每一天巩固的结果。

"生命的起点由不得自己选择；但是，生命的终点是自己可以决定的。"这是俞敏洪的一句经典名言。的确，我们做不成雄鹰；但是，可以选择做一只不断向上爬的蜗牛。即使是最后一名，也要有一颗上进的心，只要自己不放弃，任何人都打不倒你，蜗牛也一样可以活出精彩的人生！

# 第二课
## 梦想成真

每个人都有梦想，都希望自己的梦想可以成真。有些人的梦想成真了，而有些人的梦想却只是梦想。梦想如何才能成真呢？

# 为梦想而努力的德摩斯梯尼

　　德摩斯梯尼天生口吃，嗓音微弱，还有耸肩的坏习惯，完全没有一点儿当演说家的天赋。而当时的雅典是演说术高度发达的雅典。人们推崇声音洪亮、发音清晰、姿势优美、富有辩才的演说家。但是，这些特点德摩斯梯尼都没有，如果他想成为一名出色的演说家，他需要做的还有很多。

　　这天，雅典正在召开公民大会，人们正围绕着民主和独裁问题激烈地辩论着。不到20岁的德摩斯梯尼身穿淡黄色礼服，头戴月桂花冠，自信地大步走上讲台。

"怎么又是他？"台上的德摩斯梯尼听到有人小声议论着，还夹杂着轻微的嘲笑声。他不由得又想起了之前的失败，心中有些泄气和害怕；但他还是鼓起勇气，开始演说：

"公民们，我讲的是雅典必须坚持民……民主制……"又口吃了。他一着急，又耸了耸肩膀。糟糕！他在心中暗暗叫苦。台下的听众一阵骚动，有人干脆大声哄他下台。

他默默地走下台来，准备许久的长篇演说词还没说完，他沮丧极了，急忙往家跑去……

德摩斯梯尼的父亲是富有的雅典公民，不幸的是，父亲在他7岁时去世了。监护人侵吞了他的财产，到他成年时留给他的还不及他应得的十二分之一。他想要成为一名优秀的演说家，拿回属于自己的财产。为此，他向著名的演说家、擅长撰写遗产讼词的伊塞学习演说术。就这样，他努力练习了整整 5 年，在此期间，他发表了 5 篇演说词。

在当时的雅典，无论是在法庭里、广场中，还是公民大会上，常充斥着经验丰富的演说家的论辩。听众的要求很高，演说者的不适当用词和难看的手势或动作，常常会引来讥讽和嘲笑。

为了成为卓越的政治演说家，德摩斯梯尼进行了异常刻苦的学习和训练。他最初进行政治演说时，经常由于发音不清、论证无力被轰下讲坛。为此，他刻苦读书，努力学习演说。他虚心向著名的演员请教发音的方法；为了改进发音，他嘴含小石子进行朗读，对着大风和波涛讲话；为了去掉气短的毛病，他一边在陡峭的山路上攀登，一边不停地吟诗；为了改掉说话耸肩的坏习惯，他在头顶上悬挂一柄剑；他每天起早贪黑地对着镜子练习演说，还把自己剃成阴阳头，以便能安心躲起来练习演说……

德摩斯梯尼不仅努力纠正自己的发音，而且努力提高政治、文学修养。他研究古希腊的诗歌和神话，背诵优秀的悲剧和喜剧，探讨著名历史学家的文体和风格。柏拉图是当时公认的独具风格的演讲大师，他每次演讲，德摩斯梯尼都前去聆听，并用心琢磨大师的演讲技巧……

经过十多年的磨炼，德摩斯梯尼实现了自己的梦想，成为一名出色的演说家，不但拿回了自己的财产，还成为一名律师。他因著名的政治演说建立了不朽的声誉，他的演说词结集出版，成为古代演说术的典范，打动了千千万万读者的心。

## 圆桌派

1. 请你说一说德摩斯梯尼是如何实现自己的梦想的？

_____

_____

_____

2. 你的梦想是什么？你会怎样去实现自己的梦想？

_____

_____

_____

## ◎ 活动坊

### 活动：看一看，想一想

观看电影《飞屋环游记》，并回答以下问题：

1.《飞屋环游记》中，你记忆最深刻的一句话是什么？为什么会对这句话印象深刻？

2.《飞屋环游记》中，老爷爷和老奶奶一生都在为梦想努力；但是，到了很久才实现。如果你在实现梦想的路上遇到了困难，你要对自己说什么？如果很晚才能实现梦想，你会坚持吗？

## ◎ 拓展营

请你以小组为单位，拍摄一个小短片，主题是"我们的梦想"，题目自拟。

要求：时长在 6 分钟以内，自主设计。

## ◎ 小视野

### 屠呦呦和青蒿素

20 世纪 60 年代，作为当时致死率最高的疾病，疟疾带走了许多人的生命。当时，抗性疟蔓延，而抗疟新药研发在国内外都处于困境。1969 年 1 月，屠呦呦接受了国家"523"抗疟药物研究的艰巨任务，被任命为中药抗疟科研组组长，开始了抗疟药的研制。

屠呦呦和课题组成员筛选了 2 000 余个中草药方，整理出 640 种抗疟药方集。他们以鼠疟原虫为模型检测了 200 多种中草药方和 380 多个中草药提取物。这其中，青蒿引起了屠呦呦的注意，它能有效抑制寄生虫在动物体内的生长，但疗效不持续。为了找到答案，屠呦呦又一头扎进了文献堆。经过了无数次的探索和实验，终于，青蒿素得以问世。

2011 年 9 月 24 日，81 岁的中国医学研究专家屠呦呦获得拉斯克临床医学研究奖，并在纽约捧起了萨莫色雷斯胜利女神奖杯。屠呦呦获奖受到关注，是因为被称为"东方神药"的青蒿素每年都在挽救无数人的生命。拉斯克基金会将临床医学研究奖颁给屠呦呦，以表彰其对治疗疟疾药物——青蒿素的研究贡献。站在奖台上的屠呦呦说："青蒿素的发现是中国传统医学给人类的一份礼物。"

2015 年 10 月，屠呦呦获得诺贝尔生理学或医学奖，理由是，她发现了青蒿素，这种药品可以有效降低疟疾患者的死亡率。她成为我国首位诺贝尔医学奖获得者。2015 年 10 月 8 日，在中国科学技术协会举办的科技界祝贺屠呦呦荣获诺贝尔医学奖座谈会上，屠呦呦介绍了青蒿素发现和研究的过程，也同大家分享了自己为梦想不断努力的过程。

　　青蒿素的发现和使用是一个漫长的过程，中间的困难和挫折不计其数；但研究人员坚持不懈地努力，最终在帮助人类抗击疾病的道路上又给予了一份助力。

# 第三课
## 尽心尽责

无论做什么工作，都要全身心投入，这是一种可贵的敬业精神。敬业是一种习惯，体现了责任担当。敬业也许并不能为你带来可观的收益，但缺乏敬业精神的人，是无法取得真正的成就的。

# 最美司机

　　吴斌是浙江温州平阳萧江人，从 2003 年起进入杭州长运客运公司，担任班车驾驶员。

　　2012 年 5 月 29 日早 7 点 10 分，吴斌驾驶着浙 A19115 大客车从杭州出发，开往无锡，10 点 10 分，顺利抵达。休息了 1 个小时后，11 点 10 分，他从无锡站再次出发，准备返回杭州。这条线路，他行驶了数年，对于路线非常熟悉；但这次驾驶，出现了意外。这位 9 年零事故的优秀司机意外遭遇了不幸。当吴斌行驶在高速上时，原本空无一物的视线中，一个黑点却在不断放大。而在吴斌察觉不妙的时候，已经来不及了。一块黑色的铁块击穿了车前的玻璃，狠狠地砸中了他的腹部。这时，他明白自己的伤势严重，客车很可能会失去控制。

就在这一危急关头，他死死地握住了方向盘，将右腿伸直，踩住了刹车。客车就这样刹住了，停在了路边。之后，他又以惊人的毅力，从驾驶室艰难地站起来告知车上旅客注意安全，然后打开车门，安全疏散旅客。做完这些以后，耗尽了最后一丝力气的他倒在了自己的岗位上，昏厥了过去。吴斌，他没有把最宝贵的第一时间留给自己拨打120，而是留给了车上的24名乘客。

据勘查事故现场的民警介绍，客车的刹车印是笔直的。这也意味着，吴斌在遭受着剧痛时，也稳稳地将客车停了下来。当时的情况万分凶险，在被送到医院后，吴斌被查出肝脏、胆囊多处破裂，而肋骨有多处出现了向内的骨折，脾脏大量出血。虽然医院进行了紧急抢救，但吴斌还是在两日后因伤势过重而不幸离世。

在生命的最后关头，他仍心系乘客，危急时刻，还能将车稳稳地停在路边，这种尽职尽责的行为，实在是令人敬佩。

## 圆桌派

1.吴斌被铁片击中后，他做了什么？他为什么这样做？

_____

_____

_____

2.你还知道哪些在平凡的岗位上做出不凡贡献的英雄？请你说一说他们的事迹。

_____

_____

_____

## ◎ 活动坊

### 活动1：议一议，填一填

请采访你身边的同学，并填写表格：

| 理想职业 | 职业要求 | 所需准备 |
|---|---|---|
|  |  |  |
|  |  |  |
|  |  |  |

### 活动2：想一想，说一说

请根据以下情境，说说你的看法：

1. 假如你是一名清洁工人，当你在扫地的时候，别人捂着鼻子走开，还说："真脏！"在这种情况下，你还会热爱自己的工作吗？

2. 假如你是一名医生，每月的工资只有几百元，而门口那个卖茶叶蛋的老太太一个月少说也有几千元，这时你的心情还会平静下来吗？

## ◎ 拓展营

**拓展：我是家务小能手**

### 今天我当家

你知道爸爸、妈妈每天是怎样料理家务的吗？请你当一天家长，料理一天家务，尽职尽责地去照顾这个家以及家中的成员吧！

### 弗雷德的故事

在大多数人眼中，投递邮件的工作烦琐而枯燥，邮差弗雷德却非常热爱自己的工作。他竭诚为大家服务，并把自己的工作视为一次机会，一次改变周围人的生活的机会。正是他的出现，使原本普通的邮差工作变得不平凡。

弗雷德负责为小区住户收、送邮件。他听说这个小区里住着一位演说家——桑布恩。这位先生一年大部分时间都在外出差，于是，他向桑先生要一份行程表。

桑先生感到很奇怪，问："您要这个做什么？"弗雷德说："以便您不在家时，我暂时替您保管邮件，等您回来，再送过来。"桑布恩觉得没关系，只要把信放进信箱，自己回来再取就行。弗雷德却说："窃贼经常会窥探住户的信箱，如果发现是满的，表示主人不在家，那住户就可能要遭殃了。"弗雷德想了想，说："只要信箱的盖子还能盖上，我就把信放到里面。塞不进信箱的邮件，就放在房门和屏栅门之间。如果那里也放满了，我把其他的信留着，等您回来。"桑先生欣然同意。

两周后，桑先生出差回来，发现门口的擦鞋垫跑到了门廊的角落里，下面还遮着个什么东西。原来，在桑先生出差期间，美国联合递送公司把他的包裹投到别人家去了。弗雷德看到桑先生的包裹送错了地方，就把它送回桑先生的住处藏好，还留了张纸条，解释事情的原委，用擦鞋垫把它遮住，避人耳目。

当时，不同的邮政公司之间竞争激烈，比的就是服务，正因为有一批弗雷德式的职业化员工，创造了无形的价值，才使得美国联合递送公司脱颖而出。

弗雷德是职业化的典范，体现了真正的敬业精神，他做的事情似乎是平常的小事，却处处能设身处地地为客户着想，让客户感受到细致入微的服务和关爱。努力工作只是称职，用心工作才是优秀。如果我们能做到这一点，也会成为一名"弗雷德"。

# 综合活动（一）

这个世界上有各种各样的职业，每个人在各自的岗位上努力工作、尽职尽责，才使我们的社会得以正常运转。你了解哪些职业呢？你今后想从事什么职业呢？让我们一起来探索吧！

## 活动一： 小小调查员

除了医生、老师、警察等常见职业之外，你还知道有哪些职业呢？

根据兴趣，5人自由组成小组，推选出组长，小组成员一起搜集资料，查找大家身边各式各样的职业，看看哪个小组找到的职业最多。

温馨提示，你可以通过以下方式进行调查：

1. 询问爸爸妈妈。

2. 去图书馆翻阅书籍。

3. 查询网络上的相关资料。

## 活动二：小组分享报告

　　各小组调查完成后，在课堂上以小组为单位，派代表将小组调查成果进行分享，并将当中成员们最感兴趣的职业调查结果在全班进行汇报展示。

| （　　　）小组调查报告 | |
|---|---|
| 调查职业 | |
| 岗位要求 | 1. 学历：<br>2. 相关技能或证书：<br>3. 所需经验：<br>4. 英语等级：<br>…… |
| 工作环境 | 1. 工作城市：<br>2. 工作环境： |
| 薪资待遇 | 1. 工资待遇：<br>2. 福利保障：<br>…… |
| 晋升空间 | |
| 社会评价 | |

## 活动三：小组讨论

请小组合作讨论交流：

1. 你长大后想从事什么职业？

2. 你觉得未来什么职业会最受欢迎？为什么？

3. 你觉得未来的人才应该具备什么技能？

## 活动四：小视野

### 1. 不断更新的职业

随着互联网、云计算、大数据技术的不断应用，一些新兴职业得到快速发展。2019年，人力资源和社会保障部、国家市场监管总局、国家统计局向社会发布了13个新职业信息。这是自2015年版国家职业分类大典颁布以来发布的首批新职业。

这批职业包括：人工智能工程技术人员、物联网工程技术人员、大数据工程技术人员、云计算工程技术人员、数字化管理师、建筑信息模型技术员、电子竞技运营师、电子竞技员、无人机驾驶员、农业经理人、物联网安装调试员、工业机器人系统操作员、工业机器人系统运维员。

这些新职业大多与当下新兴的技术有关，比如人工智能、云计算、物联网、工业机器人、无人机等，对从业人员知识、技能水平具有较高要求。目前，我国的经济已由高速增长阶段转向高质量发展阶段，这对我们的能力素质提出了新的要求。未来，随着我国人工智能、物联网、大数据和云计算的广泛运用，与此相关的高新技术产业必将成为我国经济新的增长点。

2. 未来最有潜力的行业

（1）大数据智能行业

云计算和智能大数据行业已经成为人们按需使用信息处理、信息存储、信息交互资源的重要行业，也是进行大数据处理和深度挖掘的重要平台。

（2）传媒和内容创业行业

全球传媒步入了基于数字常态时代的全面战略转型期，数字理念已经深入传媒业产销的各个环节，遍及社会生活的方方面面，形成数字文化。

（3）体育经营管理

中国体育产业的发展空间非常广阔，从当前情况来看，体育服饰、器材早已成为体育产业的主力军。

（4）人才服务行业

人力资源服务业已经成为现代服务业新的增长点，与此同时，人社部还进一步加大了人力资源市场对外开放的力度。劳动是人类的第一需求，一切的前提都是有一份好工作，这才是人的硬性刚需！

（5）泛娱乐产业

作为现代第三产业核心的以文化产业为主的泛娱乐现代服务业发展缓慢。因此中国泛娱乐文化市场供需缺口巨大，特别是卡通产业，即以卡通形象及品牌为核心，由动漫、动画、影视、图书、音像制品以及衍生产品和特许经营产品等所形成的产业链。

# 第 四 课
## 可 爱 的 家

"我有个可爱的家，整洁美丽又安康，姐妹兄弟很和气，父亲母亲都健康。"每个人都希望有一个温暖和睦的家，在家里，有健康亲切的父母，有互相帮助的兄弟姐妹。正是因为有了相互扶持的家人，家对于每个人而言，才不仅仅是一个居住场所，更是一个精神依托。

# 雨天的爱

　　轩轩今年上六年级了，他有一个弟弟，在上二年级，和他在同一所学校。每天，轩轩的妈妈会送他们兄弟俩一起上学。

　　夏天的天气常常说变就变，上一刻还是阳光明媚，转眼间又是电闪雷鸣。有一天中午，快放学的时候，忽然下起了瓢泼大雨。轩轩在六年级，他们是学校最晚放学的一批孩子。等轩轩好不容易走到校门口，看到了人群中的弟弟和妈妈时，他们的衣服都被打湿了，看来他们已经等候多时了。

看到轩轩的时候，年幼的弟弟脸上没有一丝等待的不耐烦，而是满心的高兴。走出雨棚的时候，轩轩才发现，妈妈匆忙之间只拿了两把伞。

妈妈把两把伞递给了轩轩和弟弟，说："你们俩打吧，小孩子抵抗力弱，要是淋湿了会感冒的。我走快点儿，很快就可以到家的。"看着那么大的雨，轩轩拒绝了，说："妈妈，雨太大了，你淋湿了也会感冒的。"见此情景，弟弟也在一旁说："哥哥跟我打一把伞！妈妈，你是个大人，你就一个人撑一把伞。"妈妈看着两个懂事的孩子，欣慰地说："好吧，谢谢你们！"

跟弟弟同打一把伞后，轩轩发现弟弟刻意把伞举得很高，而且，还稍微往自己这边斜了一点儿。轩轩赶紧把伞接了过来，然后，往弟弟那边推了过去。一边往家走，弟弟一边跟轩轩说着学校里面有趣的事情，轩轩认真听着。不知不觉中，他忽然感觉伞又到自己这边来了，原来，弟弟偷偷地把手扶在伞柄上使劲儿。妈妈走在后面，看到了这个场景，很是感动，往前走了两步，悄悄把伞靠向了两个孩子。

忽然，弟弟脚下一沉，踩到了一个小水坑，虽然小，但是很深。"天哪，我的鞋子进水了！"弟弟不由得喊了一声。轩轩安慰说："没关系，我的也湿了。不要难过，我们回家就可以换掉啦！"就这样，不知不觉间，母子三人很快就到家了。刚打开门，爸爸就拿着干毛巾迎接了上来，嘴里还说着："快把湿衣服换了。换完衣服，来喝姜汤、吃饭，我已经煮好啦！"

虽然外面的天气还是乌云密布。但是，在这个家里，每个人的心里都有着暖阳照耀。

1. 故事中包含了哪些人的爱？

_____

_____

2. "虽然外面的天气还是乌云密布，但是在这个家里，每个人的心里都有着暖阳照耀。"你如何理解文章的最后一句话？

_____

_____

3. 轩轩的家庭是一个幸福美满的家庭吗？为什么？

_____

_____

## ◎ 活动坊

### 活动1：家庭交流会

　　每月开一次家庭交流会，每个人都试着分享三件事：最美好的事、最糟糕的事、最想和大家分享的事。（开放的交流、共同的欢笑和理解会促进孩子积极的情绪，让家庭关系更亲密）

### 活动2：说一说

　　对于我们每个人来说，家庭都是温暖的港湾。每个家庭成员都是家庭中必不可少的成分。在一个家庭中，不同的家庭成员分别应该承担哪些责任？你是怎么做的呢？

## ◎ 拓展营

### 拓展： 想一想

在大家眼里，红红一家是幸福美满的一家：红红的爸爸、妈妈事业有成，红红的成绩优异；但是，红红感觉不快乐。因为爸爸工作很繁忙，常年不在家；妈妈既需要工作，回家还要做家务，辅导红红功课，所以常常不高兴会发脾气。如果你是红红，你会怎么办？

## ◎ 小视野

### 假牙

牙医诊所来了两位客人，是一对母子。

母亲的年纪已经很大了，身上的衣服有些旧，但是洗得很干净整洁。儿子倒是西装革履，一双锃亮的皮鞋，一身的穿着看得出来价格不菲。

母亲老了，牙齿全坏掉了，需要镶一副假牙。牙科医生为那位母亲做好了牙模取样，然后向他们介绍假牙。由于材质不同，假牙的价格差别较大。

母亲选了最便宜的那种。

医生劝说母亲用材质好点儿的假牙，他一边看着那个儿子，一边耐心地解释好牙与差牙的本质不同；可是，令医生失望的是，这个看似大款的儿子无动于衷，只顾着打电话，根本不理会他。

旁边的一个病人看不下去了，跟那位母亲说："看你儿子的样子也不像是没有钱，还不如换一副好点儿的假牙。"母亲却摇摇头说："他赚钱很辛苦的，没必要花那么多钱换那么好的假牙。我年纪大了，假牙能用就行啦。"

后来，医生还是拗不过母亲，同意了她的要求。

母亲颤颤悠悠地从口袋里掏出一个布包，一层一层打开，拿出钱交了押金，说好了一周后来戴假牙。

　　两人走后，诊所里的人开始议论那个儿子，说他衣装笔挺、考究，一看就是富裕的人，却不舍得花钱给母亲镶一副好牙，毫无孝心。

　　正当他们义愤填膺时，那个大款儿子悄悄地又回来了。

　　他说："医生，麻烦您给我母亲镶最好的烤瓷牙。费用我来出，钱贵点儿没关系。不过，您千万不要告诉她实情。我母亲是个非常节俭的人，我不想让她不高兴。"

# 第五课
## 战争与和平

2019 年 10 月 1 日上午，伴随着 7 万羽和平鸽和 7 万只气球的放飞，国庆 70 周年大会暨阅兵仪式顺利结束，人们在这样的大型庆典上放飞鸽子想表达怎样的意愿？和平鸽为什么会被作为世界和平的象征呢？

# 和平鸽

  1950 年，第二届世界保卫和平大会在华沙举行。为了纪念，世界著名画家毕加索画了一只衔着橄榄枝飞翔的白鸽。它的创意来源于《圣经·创世纪》中的故事：诺亚方舟在大海上漂了很久，人们决定派鸽子飞回去看看洪水是否退去，是否露出了陆地。后来，鸽子带回了橄榄枝，表示洪水已退，象征灾难后平安归来。由此，鸽子便被公认为和平的象征，毕加索也被称为"和平鸽之父"。

在 1952 年维也纳举行的世界和平大会上，毕加索应邀又创作了一幅《和平鸽》。这一次，和平鸽展翅高飞，寓意世界人民争取和平的斗争将蒸蒸日上。

毕加索为什么想到要用鸽子来表现和平呢？这背后还有一个悲伤的故事。

1940 年，第二次世界大战期间，德国法西斯攻占了法国首都巴黎。当时，毕加索正在画室里创作，忽然听到了敲门声，原来是邻居米什老人。只见老人手捧一只鲜血淋漓的鸽子，请求毕加索把它画下来。毕加索虽然心中不解，但还是不假思索地答应了。

原来，老人的儿子在保卫巴黎的战斗中牺牲了，只剩下他和孙子相依为命。孙子养了一群鸽子，平时都用竹竿拴上白布条作信号，来招引鸽子。考虑到白布条可能被误解为向敌人投降，于是，孙子改用红布条来招引鸽子。结果，显眼的红布条被法西斯发现了，认为他在给游击队报信，便把他扔到楼下摔死了，还用刺刀把鸽笼里的鸽子全部挑死……

怀着悲愤的心情，毕加索挥笔画出了一只飞翔的鸽子——这就是"和平鸽"的雏形。

## ◎ 圆桌派

1. 毕加索为什么要画一只展翅翱翔的鸽子?

_____

_____

_____

2. 和平鸽象征着什么?

_____

_____

_____

3. 你知道哪些国际组织在为世界和平而努力?

_____

_____

_____

## ☺ 活动坊

### 活动1：讲一讲

　　根据你所看过的新闻制作 PPT，给同学们讲一讲：目前，世界上还有哪些国家和地区的人们正在经受战火的折磨？他们的生活是怎样的？

### 活动2：写一写

　　了解近年来世界各地发生的战争，请你用自己的方式向联合国写一封信，表达自己渴望和平的心意。

　　和平来之不易，纪念战争是为了远离战争，珍爱和平，创造美好明天。每年的 9 月 3 日，是中国人民抗日战争胜利纪念日，也是世界反法西斯战争胜利纪念日。请你查阅世界反法西斯战争的资料，以"珍惜和平，开创未来"为主题设计一枚纪念邮票。

## ◎ 小视野

1. 第二次世界大战

1939 年，第二次世界大战爆发。战争历时六年，范围从欧洲到亚洲，从大西洋到太平洋，先后有 84 个国家和地区、约 20 亿人口被卷入战争。据不完全统计，全世界在战争中伤亡总人数超过 1 亿。这是人类历史上规模最大的世界战争。

由于第二次世界大战的惨烈，根据雅尔塔会议协定，为了维护国际和平与安全，中、英、美、苏、法为首的同盟国在 1945 年 10 月 24 日发起成立了联合国，中、美、苏、英、法则成为联合国安全理事会常任理事国。1948 年以来，安理会共授权进行了 60 余项维和行动。另外，联合国还先后组织制定了从不扩散核武器到和平利用外层空间等数百个国际条约。

2. 日本和平纪念公园

1945 年 8 月 6 日，第二次世界大战已临近尾声。这天，美军在日本广岛投掷原子弹，造成大量人员伤亡。为了让人们牢记战争的残酷，呼吁世界和平，1958 年，和平纪念公园在广岛市建成。1996 年，联合国教科文组织将广岛和平纪念公园中的纪念碑作为文化遗产，列入《世界遗产名录》，表达了世界各国人民对和平共同的向往。

3. 打结的手枪

这是一个近乎黑色的青铜雕塑，是一把手枪；但是，枪管打了一个结，被卷成"8"字形，名曰"打结的手枪"。这是卢森堡政府在1988年赠给联合国的。它现已成为纽约联合国大厦外的标志性雕塑之一。这一雕塑的含义很明白，那就是制止战争、禁止杀戮。

# 第六课
## 温暖别人　照亮自己

如果你有 1000 万元，你会做什么？很多人可能会说："我要去环游世界！""我要买一套别墅。"……退休老人马旭将毕生积攒的 1000 万元巨款全部捐赠给家乡，用于发展教育事业。她这种对家乡的爱温暖了许多人。

# 分毫积攒　传递能量

　　驻黄陂原 95942 部队空降兵马旭是离休干部，出生于黑龙江省木兰县。1947 年，14 岁的马旭加入了人民解放军，她与黄继光在同一个部队，先后参加了辽沈战役和抗美援朝战争，多次立功受勋。

　　抗美援朝战争结束，回国后，马旭被保送到第一军医大学学医。1957 年，被分配到 15 军 45 师，成为一名野战军医。

　　马旭是新中国第一名女空降兵。20 多年间，她共跳伞 140 多次，创造了三项中国之最——第一个跳伞女兵、跳伞次数最多女兵、实施空降年龄最大女兵。

50 岁时，马旭投身科研。为解决伞兵着陆时易损伤这一世界性难题，马旭和爱人查阅大量资料，结合跳伞实践，研制出"充气护踝"和"单兵高原供氧背心"，均获得国家专利。马旭还和爱人撰写了《空降兵生理病理学》《空降兵体能心理训练依据》，填补了中国在这方面的空白。她被外国专家称为中国军队中的"居里夫人"。

马旭和爱人离休后，长期住在部队旁一个不起眼的小院，开辟菜地，种植蔬菜。小小的院落、斑驳的石阶写满简陋，室内用家徒四壁来形容一点儿也不为过。除了满屋子的书外，几乎没有什么家具。他们穿的是部队发的军装，吃的都是粥和馒头这样简单的饭菜。

他们一年到头紧张地忙实验，忙科研。在生活上，他们对自己更是"小气"：从不买衣服，几乎不去商场；平时从节省一滴水、一粒米做起；有钱舍不得用，有条件不知道享受，甚至被笑话成"最抠门的人"。她们把全部的精力与心血都用于自己所钟爱的事业上。

然而，就是这样"小气"的人，在 2018 年 9 月 13 日，转账 300 万元到黑龙江省木兰县的一个账户上。2019 年 4 月，又将第二笔 700 万元捐款汇往家乡。他们坚持用几十年时间，从牙缝里节约下一分一角，加上两人的科研成果奖励，最终凑成 1000 万元巨款，全部用于家乡的教育事业。他们被誉为"新时代最可爱的人"。

人行千里常思亲，树高千丈不忘根。马旭说："我生在木兰，虽然回家乡的次数少，但对木兰的一草一木都非常有感情。小时候，是父老乡亲用百家饭养活了我；长大后，是党让我们过上了好日子。那些旧家具用起来还挺好，稀饭小菜吃起来也挺香，我们对生活很满足，一直想为家乡人民做点儿事情。"马旭认为，只有孩子能接受好的教育，家乡的发展才会更充满希望。

在庆祝中华人民共和国成立70周年大会上，马旭成为"致敬方阵"的一员。"这份荣耀是党给的，我要永远做党的人，为党奉献一切！"回忆起当时的场景，马旭仍十分激动，"和我那些牺牲在战场上的战友相比，我能活着就是无比的幸福。人的一生是有限的，而为祖国做贡献是无限的，只要生命不息，就得奋斗不止。"

对祖国深沉的爱，让她即使透支自己，也要让人生发光；情系家乡，她用善良为一座城市留下一座丰碑。让我们一起为马旭奶奶的壮举点赞！

## 圆桌派

1. 马旭为什么要把积攒的毕生积蓄都捐赠出去？

_____

_____

_____

2. 马旭在生活中是一个什么样的人？

_____

_____

_____

3. 在生活中，我们应该如何力所能及地帮助他人？

_____

_____

_____

## ◎ 活动坊

### 活动1：记一记

1. 君子贵人贱己，先人而后己。——《礼记·访记》

2. 辅车相依，唇亡齿寒。——《左传.鲁僖公五年》

3. 最好的满足就是给别人以满足。——拉布吕耶尔

4. 每有患急，先人后己。——陈寿《三国志.蜀志》

### 活动2：说一说

1. 你了解哪些公益活动和义工组织？

2. 你参加过哪些公益活动或加入了哪些义工组织？有什么感受？

3. 参加公益活动或义工组织对社会发展有什么影响？

## ◎ 拓展营

**拓展：小小慈善家**

　　慈善不是用捐多少钱财来衡量的，它的意义在于你用爱心温暖他人，唤醒了世界的善意，同时也开阔自己的世界观和价值观。只要用自己的行动去温暖身边的人，人人都可以做慈善。请你利用课余时间或假期，用自己的方式去传播善意，并记下自己的感想。

## ◎ 小视野

### 做慈善事业的行动者

　　比尔·盖茨在 1995—2007 年连续 13 年成为"福布斯全球富翁榜"首富，连续 20 年成为"福布斯美国富翁榜"首富。他始终记得母亲对他说过的一句话："获得上天愈多赋予的人，被期待的也愈多。"这让世界首富展开了慈善旅程。

2000 年，比尔·盖茨创办以他和妻子名字命名的比尔和梅琳达·盖茨基金会。2008 年 6 月 27 日，比尔·盖茨正式退休，他把 580 亿美元个人财产捐到比尔和梅琳达·盖茨基金会，用于研究艾滋病和疟疾的疫苗，并为世界贫穷国家提供援助。

每年，盖茨基金会的支出分配大概是：15% 用于美国国内，60% 用于海外医疗卫生事业，20% 用于全球发展，其中包括了用于农业扶贫的 10%，其运作的项目覆盖了超过 100 个国家。

比尔·盖茨认为，当人拥有巨大财富的时候，他就要承担更多的责任，而帮助困境中的人们是回报社会的最好方式。比尔·盖茨的慈善活动涵盖了教育、医疗、卫生、科技等领域，比尔·盖茨的身影和他的金钱一样，无所不在。他没有将这笔财富看作自己的，没有用在自己的享受上，也没有留给自己的子女，而是用在了素不相识的、需要帮助的陌生人身上。这样的行为和思想境界值得我们每一个人赞赏、学习。

# 综合活动（二）

# "童眼"看战争

身处和平年代的我们，是否觉得"战争"一词离我们很遥远？其实，仔细留意，"战争"偷偷潜藏在生活的小角落里。"战争"可以在古诗里，在电影里，在汉字里，在游戏里，在很多你可以看到的地方⋯⋯

## 一、古诗中的战争

读一读下面的古诗，说一说它们描写了怎样的战争场面。你还知道哪些描写战争场面的诗歌？

### 蒿里行

曹操

关东有义士，兴兵讨群凶。

初期会盟津，乃心在咸阳。

军合力不齐，踌躇而雁行。

势利使人争，嗣还自相戕。

淮南弟称号，刻玺于北方。

铠甲生虮虱，万姓以死亡。

白骨露于野，千里无鸡鸣。

生民百遗一，念之断人肠。


## 从军行

### 王昌龄

青海长云暗雪山，

孤城遥望玉门关。

黄沙百战穿金甲，

不破楼兰终不还。

# 破阵子·为陈同甫赋壮词以寄之

## 辛弃疾

醉里挑灯看剑，梦回吹角连营。八百里分麾下炙，五十弦翻塞外声，沙场秋点兵。

马作的卢飞快，弓如霹雳弦惊。了却君王天下事，赢得生前身后名。可怜白发生！

## 二、书籍、电影中的战争

请阅读、欣赏与战争相关的图书和电影，了解相关战争的背景资料，写下自己的感受。

图书：《战争》《数星星》《谁是安妮弗兰克》《将军胡同》《小英雄和老邮差》《安妮日记》等。

电影：《新纽扣战争》《美丽人生》《花木兰》等。

## 三、棋盘游戏中的"战争"

围棋和象棋均源于战争的实践，在方寸之间展示了战争的形态，也显示出人们对于战争表达出的两种不同思维方式。

围棋如同阵地战，步步为营，寸土必争；而象棋则好似运动战，灵活机动，不计一城一地之得失。

围棋以地盘大小定胜负，而象棋则以主帅存亡论得失。

围棋棋子之间无强弱之分，每战都要集中优势兵力将对手各个击破；而象棋中棋子则各具特点，常常单枪匹马冲杀于敌阵之间。

请你和朋友一起玩一玩围棋和象棋，并通过文献查找隐藏在里面的战争知识。

## 四、小视野

德国人的机枪疯狂地扫射着。许多爆炸开的黑色烟柱子，在直径有一里来宽的、已经被打得坑洼不平的沙土地上，像旋风一样向空中卷去，进攻的人浪散开了，翻滚着，像水花一样从弹坑旁边分散开去，还是爬啊，爬啊……炮弹爆炸的黑色烟火越来越紧地扫荡着大地，榴霰弹斜着飞出来，刺耳的尖叫声越来越密地泼在进攻的人的身上，贴在地面上的机枪火力越来越残忍地扫射着。他们打击进攻的人，不许进攻的人靠近铁丝网。果然就没有能靠近。十六道波浪只有最后的三道算是滚到了跟前，但是这三道波浪一滚到破烂不堪的铁丝网（许多用铁丝缠着的烧焦的柱子都朝天空竖立着）前面，就像是被碰得粉碎了似的；变成一条一条的小河、一滴一滴的雨点倒流回来……

（［苏］肖洛霍夫，《静静的顿河》）

上面是一段描写战争场面的话，请试着思考这些问题：

1. 你知道什么是战争吗？在你眼中的战争是什么样子的？

2. 可以采访爸爸妈妈、爷爷奶奶，采访邻居或路人，问他们"战争是什么"，请他们回答，并拍摄记录视频。

3. 讲述你与周围人发起过的"战争"，或者你所见到的身边发生过的"战争"。（比如与兄弟姐妹、爸爸妈妈之间的"战争"，班里同学之间的"战争"……）

# 第七课
# 饮食与健康

俗话说："民以食为天。"我们从食物中获得能量，让身体正常运转；在吃的过程中，获得满足感和愉悦感。怎样在享受美食的同时拥有健康的身体呢？下面，就让我们一起研究"吃的学问"吧！

# 吃的学问

　　要想拥有健康的体魄，我们需要均衡饮食。均衡饮食是指选择多种种类的食物，并进食适当的分量，让我们的身体能够得到各种营养素，让食物产生的热量能够维持身体组织的生长、增强抵抗力、维持理想的体重并时刻感到精力充沛。

　　一、食宜种类平衡。从人类进化的角度看，人类需要进食多种来源的食物才能保证营养平衡。饮食太过于精，有害无益，特别是对儿童的生长发育不利。

偏食或食物过精容易导致人体必需的微量元素，比如铁、锌、碘和某些维生素的缺乏。因此，选择食物时，除了关注色、香、味、形，还应提倡食物来源的多样化。古人说："杂食者，美食也！"

二、食宜冷热平衡。生冷食物进食过多，会损伤脾、胃和肺气。体虚胃寒的人应少吃生冷食物，尤其在炎热的夏日更应慎重。正如我国民间所说："饥时勿急，空腹忌冷。"太热的食物容易烫伤胃脘、咽喉，也是饮食大忌。据调查，食管癌高发区的居民就有喜饮热水、热粥的习惯。我国古代名医孙思邈曾在《千金翼方》中指出："热食伤骨，冷食伤肺，热无灼唇，冷无冰齿。"

三、食宜动静平衡。就餐前后动与静的平衡同样重要，进食前及进食中静而专致，有利于消化吸收，正如民间流传的"食不语，寝不言"。饭后要适当活动，俗话说："饭后百步走，能活九十九。"说明进食后缓行散步有利于健康。

四、食宜情绪平衡。进食前和进食中保持平静愉快的情绪，有利于消化功能正常进行。情绪波动大，则会危害脾胃。因此，我们进食过程中应尽力排除一切反常情绪。《素问·举痛论》中说："怒则气上，喜则气缓，悲则气消，恐则气下，惊则气乱，思则气结。"在气血紊乱的情况下，人体消化功能很难正常进行。

五、食宜音乐滋养。进食前后听优美、沁人心脾的音乐，能使人身心愉悦，有利于消化吸收。正如《寿世保元》中说："脾好音声，闻声即动而磨食。"

均衡饮食是保持健康的根本途径。根据《中国居民膳食指南（2016）》的条目并参照膳食宝塔的内容来安排日常饮食和身体活动，是通往健康的光明之路。

膳食对健康的影响是长期的结果。应用平衡膳食宝塔需要自幼年开始，养成良好饮食习惯并坚持不懈，才能充分体现其对健康的重大效益。

## 🌀 圆桌派

1. 日常生活中，我们怎样做到均衡饮食？

_____

_____

_____

2. 查阅资料，说说你还知道哪些健康饮食的小妙招。

_____

_____

_____

## ◎ 活 动 坊

请根据"中国居民平衡膳食宝塔"设计一天的食谱。（注意考虑用餐人数）

### 中国居民平衡膳食宝塔（2016）

| | |
|---|---|
| 盐 | ＜6克 |
| 油 | 25–30克 |
| | |
| 奶及奶制品 | 300克 |
| 大豆及坚果类 | 25–35克 |
| | |
| 畜禽类 | 40–75克 |
| 水产类 | 40–75克 |
| 蛋　类 | 40–50克 |
| | |
| 蔬菜类 | 300–500克 |
| 水果类 | 200–350克 |
| | |
| 谷薯类 | 250–400克 |
| 全谷物和杂豆 | 50–150克 |
| 薯类 | 50–100克 |
| | |
| 水 | 1500–1700毫升 |

每天活动6000步

## ◎ 拓展营

对家里的饮食情况做一次调查，记录家庭成员的饮食习惯和爱好，提出合理的改进方案，并根据膳食宝塔，设计一份未来的饮食方案。

## ◎ 小视野

### 未来食物

人们对于未来世界的发展一直都充满了各种各样的幻想，科学家已经做出了几种比较先进的"未来"食物。

1.3D 打印食品。将原料调制成溶液倒入 3D 打印机，利用设计好的程序打印成各种形状的食物。这种方法能节省人工，满足人体的个性化需求。美国已经有餐厅用上了这项技术。

2. 人造食品。科学家用培养基制出食品，如人造肉。除了肉类食品，还有很多食品可以用培养基来做，只是技术上还需要攻克一些难题。

3. 咀嚼咖啡。科学家将咖啡制成了固体，直接放进嘴里嚼着吃，很快就会融化，就能尝到咖啡的滋味了。它不是浓缩的咖啡粉，而是将液体咖啡做成了块状的物体，尝起来并不会觉得很苦，味道就和咖啡一样。

4. 食物饮料。将食物做成像牛奶一样的饮品，喝起来顺滑爽口。一般喝下一瓶300毫升的食物饮料，就能满足一餐所需的热量了，方便又快捷。

5. 食物胶囊。将蛋白质、维生素等营养物质混合在一起制成胶囊。一顿饭只需要吞下几颗胶囊就可以了，比喝食物饮料更加方便，而且，营养很均衡，不会发胖。

# 第八课
## 居者有其屋

自远古时期，为了不受日晒雨淋，有效抵御天敌入侵，人类便有了居住的需要。从穴居山洞到石屋雨棚，从木头、砖块到钢筋水泥，人类的居住环境随着时代的变迁也在发生变化。正所谓居者有其屋，安居才能乐业。古今的中国民居具有怎样的特色呢？未来的住宅又会设计成什么样？让我们一起了解中国民居的那些事。

# 客家围屋

　　客家围屋，又称围龙屋、转龙屋等，是著名的汉族客家文化特色民居建筑。围屋始建于唐宋，盛于明清。客家人所居之处，随处可见围屋的踪迹，包括华南的粤、赣、闽三省，而台湾的屏东、云林、台中等客家人则继承了中原文化并与当地环境相结合，不断创新，形成了极具特色的民居。它不仅是客家传统文化的瑰宝，也是中华民族文化的瑰宝，被中外建筑界称为中国民居建筑的五大特色之一。

围屋的造型十分独特，小的像圆形，大的像椭圆形。大部分围屋前半部分为半月形池，后半部分为亏月形围墙。围屋最基本的结构是"两厅两横一龙"（中间有正殿，两边各有一排横房，对应一层围龙），而大型的围屋正是以此为基础逐渐增加的。

围屋的墙壁坚固，外墙很厚，厚达 1.5 米，抗风抗震性能好。客家人大多是移民，南迁福建、广东、江西地区后，遭到当地人的排挤和欺凌，他们无法融入当地，只能住在偏远的山区。为了防止土匪的抢劫和野兽的袭击，他们建造的围屋不仅安全性高，而且防御力也很强。除了坚固的墙壁外，还有一道夹心墙，墙上只有细长的小孔，可以放火枪。考虑到房子的每个角落都能采光和通风，围屋中间开了一个大"天窗"。围屋的门也有严格的要求，门框和门槛都是石头做的，门厚约 10 厘米，有的门还装有防火水箱，防止敌人放火烧门。此外，围屋内各种生活设施一应俱全，有深水井供水，食品加工设备齐全。大量粮食、蔬菜等农作物在收获季节储存，可以保证家中几个月的粮食等物资供应。可以说，这是一个独立的王国，形成了易守难攻的城堡。

围屋作为客家人的代表性建筑，文化艺术也十分丰富。椭圆形的造型，不仅使围屋整体面貌焕然一新，更寄托着人们"一家团圆，万事如意"的美好愿望。围屋左右完全对称，房间大小几乎一样，寓意人人平等，居民要和睦相处。如今，我们不可能建造这样的房子来居住，但作为文化的宝库，我们应该像对待文物一样保护它们，珍惜它们。

## 圆桌派

1. 结合原文，简要说说围屋的特点。

_____

_____

_____

2. 联系生活实际，简要说一说你家乡的民居特色。

_____

_____

_____

3. 请你发挥想象：如果让你回到以前，在围屋里住上一段时间，会有怎样的体验？

_____

_____

_____

## ☺ 活动坊

    随着时代的变迁，我们大多住上了钢筋水泥房，曾经的特色民居有一部分也变成了历史文化遗址，现在的我们只能驻足观赏这个静态的建筑，很难再看到人们真实的生活场景。以下是我国五大特色民居，让我们走近它们，对它们多一分了解，对历史多一分敬畏。

客家围屋

"一颗印"建筑

四合院

窑洞

"杆栏式"民居

1.查阅资料，完成下方表格。

| 特色名居 | 所在地区 | 特点 | 建造缘由和优势 |
|---|---|---|---|
| 围屋 | | | |
| "杆栏式"民居 | | | |
| 四合院 | | | |
| 窑洞 | | | |
| "一颗印"建筑 | | | |

2.以某一个特色民居为例，探究其演变过程，尤其是现存的情况，形成不少于500字的研学报告。

## ◎ 拓展营

　　随着科学技术、网络技术的飞速发展，人们对居住环境的要求也越来越高。你希望自己未来的居住环境是怎样的呢？请你以"未来的房子"为主题，发挥想象，画一幅画。

## ◎ 小视野

### 未来的住房

　　迄今为止，房屋经历了三次迭代：第一代茅草屋、第二代砖房和第三代电梯房。那未来的住宅会是什么样子的呢？

　　清华大学建筑研究院设计了一种新的住宅——空中城市·四合院。这种住宅结合了三种住宅形式：郊区别墅、小巷和庭院。每层楼都是一条街，每户人家都有一个私人庭院。无论是高大的别墅，还是老街巷弄，都融入了四合院的和谐氛围。这个设计简直太美了！

两层的户外私家庭院，可以种花、养狗，舒适惬意，而且，每层楼之间的屋顶设计采用隔空式，不仅隔音，而且感觉和独门别墅的一样舒适。建筑外墙布满植物，充满自然气息。重要的是，汽车电梯直达自己的楼层，停在您家门前，生活出行非常方便。

未来的住宅不像一个鸽子笼，而是以楼层为基础。每层楼高大宽阔，街道和院落是大家共享的，就像住在院子里一样。这种空中庭院建筑，和普通电梯房一样的面积和造价，却更能满足大家的生活！

未来的住宅，集中国传统四合院、北京胡同、空中别墅、空中花园、智能停车场、电梯房等所有优势于一身。您期待吗？

# 第九课
## 北京故宫

北京故宫是世界上现存规模最大、保存最为完整的木质结构古建筑群之一，是中国文明无价的历史见证，文物价值独一无二。1987年，北京故宫被联合国教科文组织世界遗产委员会列为世界文化遗产。

# 我在故宫修文物

　　故宫，又称紫禁城，是明清两代的皇宫。故宫是世界上现存规模最大最完整的古代木结构建筑群，为我国现存最大最完整的古建筑群。它始建于明永乐四年（公元1406年），历时14年才完工，共有24位皇帝先后在此登基。

　　故宫占地72万多平方米，共有宫殿9000多间，都是木结构、黄琉璃瓦顶、青白石底座，饰以金碧辉煌的彩画。这些宫殿是沿着一条南北向中轴线排列，并向两旁展开，南北取直，左右对称。这条中轴线不仅贯穿在紫禁城内，而且南达永定门，北到鼓楼、钟楼，贯穿了整个城市，气魄宏伟，规划严整，极为壮观。

建筑学家们认为，故宫的设计与建筑实在是无与伦比的杰作，它的平面布局、立体效果以及形式上的雄伟、堂皇、庄严、和谐，都可以说是世上罕见的。它标志着我国悠久的文化传统，显示着600多年前匠师们在建筑上的卓越成就。

游览故宫，一是欣赏丰富多彩的建筑艺术，二是观赏陈列于室内的珍贵文物。故宫博物院藏有大量珍贵文物，据统计，总共达1 052 653件之多，统称有文物100万件，占全国文物总数的1/6，其中有很多是绝无仅有的国宝。

步入新世纪以来，北京故宫开展了历史上规模最大的古建维修工程和文物修复工程，在让古老的紫禁城焕发新生的同时，也向人们生动地展示着弥足珍贵的传统建筑工艺和精美藏品。在这场故宫保护的行动中，有无数的故宫人殚精竭虑，奉献一生。

王津，就是其中的一位代表人物。王津是故宫文保科技部钟表修复室一名古钟表修复师，钟表馆内展出的国宝，基本都经他的手进行修复过。自 1977 年初中毕业进入故宫以来，他已经为故宫工作了 40 多年，修复过的钟表有二三百件。

虽然对于故宫来说，40 多年只是弹指一挥间；但对于王津来说，这是自己的沉沉半生。"择一事，爱一行，做一生"是钟表修复师王津的座右铭。他选择了修复文物这个职业，在故宫里一待就是 40 多年。尘封了上百年的老钟表，在他一日复一日地打磨和调试中，重新演绎出令现代人震惊的画面。每一件文物都是有生命的，是他重新给予了文物生命，赋予了它们新的意义。

　　文物修复不仅是一项工作，更是对文物的一种陪伴、一种长情的告白。那些曾被王津修复过的文物，一定也会记得，有一双温暖的手，带着耐心与细心，一点儿一点儿轻柔地抚平它们身上的伤疤。

　　托尔斯泰曾说过："历史是国家和人类的传记。"文物是传承历史的重要符号，也是不可再生的文化资源，更是进行传统文化教育的重要载体。光阴不可逆转；但通过文物，我们都可以走进过去的光阴，感受过去的生活，与时间来一场亲密的对话。

## 圆桌派

1. 你还知道我国都有哪些世界文化遗产吗？

_____

_____

2. 你从王津身上学到了哪些优秀的品质呢？

_____

_____

3. 修复文物对文化的传承有什么意义呢？

_____

_____

## ◎ 活动坊

### 活动1：说一说

　　纪录片《我在故宫修文物》一经播出，就受到了广大观众的追捧，"故宫热"也再掀高潮。同学们，你们觉得我们该如何去平衡文物保护与文化传播之间的关系呢？

### 活动2：画一画

　　近来，600多岁的故宫出人意料成为"网红"，创造了文创产品一年卖出10多亿元的传奇，大量的故宫文创产品受到了人们的喜爱。同学们，请你也来发挥你的想象力，用你手中的画笔，为你喜欢的一款故宫文物设计一套文创周边产品吧！

阅读下面这段材料，谈一谈你的理解与启发。

## 巴黎的眼泪

巴黎圣母院，是欧洲建筑史上一个划时代的标志。它是哥特式建筑的代表建筑，承载着西方800多年来的文明。整个建筑高耸挺立，宏伟壮丽，庄严和谐，被雨果称为"石头的交响乐"。在这几百年的历史中，巴黎圣母院经过了保护、修缮和安全等全方位的改善，花费了巨大的人力、物力用于维修。

2019年4月15日，巴黎圣母院发生大火。火灾起于阁楼，由于巴黎圣母院为木质结构，火势蔓延极快，标志性塔尖在大火中坍塌，天空浓烟弥漫。经过15个小时的战斗，消防员宣布大火已全部扑灭，虽然其主体结构和两座钟楼得以保全，但屋顶部分有三分之二都已被烧毁，巴黎圣母院遭受了灾难性的打击。

  法国有着丰富的历史文化遗产资源，巴黎圣母院等名胜古迹不仅起着记载历史、传承文化的作用，也是法国旅游业的基石。法国在文化遗产保护方面一直走在世界前列，此次巴黎圣母院遭受重创，不仅令法国乃至世界陷入悲痛，也再次敲响了文物保护的警钟。

## 故宫镇院之宝——《清明上河图》

《清明上河图》局部

　　《清明上河图》为北宋画家张择端所作，中国十大传世名画之一，为北宋风俗画，北宋画家张择端仅见的存世精品，属国宝级文物，现藏于北京故宫博物院。这在中国乃至世界绘画史上都是独一无二的。在5米多长的画卷里，共绘了数量庞大的各色人物，牛、骡、驴等牲畜，车、轿、大小船只，房屋、桥梁、城楼等各有特色，体现了宋代建筑的特征，具有很高的历史价值和艺术价值。

# 综合活动（三）

# 走近濒危动植物

## 一、濒危植物

濒危植物，是指由于环境的变化而面临绝种危机的植物。植物濒危的原因非常复杂，人类的不当活动以及气候变化和外来入侵物种的蔓延等外部因素是植物物种走向濒危之路的主要原因。

## 二、我国濒危植物的现状

我国地域辽阔，植物资源丰富。近些年，我国经济快速发展、人口迅速增长、环境破坏严重等导致了我国野生植物中有约 6 000 种处于濒危的状况，其中 100 多种植物面临极危或灭绝。我国生物物种的数量正在以每天一个濒危甚至灭绝的速度减少。物种之间相互依存，相互制约，一个物种的消失，可能导致另外10—30种生物的生存危机，最终导致整个生态系统的崩解。

### 三、四种中国稀有的濒危植物

1. 西藏红豆杉，又称喜马拉雅红豆杉，是红豆杉科植物。由于西藏红豆杉生长缓慢，野生资源的自然增长无法满足人类的需要。因此，在西藏红豆杉自然生长区建立保护区，寻求人工获得红豆杉，禁止滥砍滥伐，是保护西藏红豆杉的有力措施。

2. 荷叶铁线蕨，又名荷叶金钱草、铁丝草、铁线草。因为人类活动加剧了对森林的破坏，使空气湿度降低、地下水位下降，原有生态环境改变，其赖以生存的环境不复存在，导致荷叶铁线蕨处于灭绝的边缘。

3. 马蹄参，主要分布在广西、广东和湖南等地，民间主要用于治疗风湿性关节炎。濒危的主要原因是种子产量低、种子萌发率低、幼苗成活率低、种群缺乏竞争力和人为干扰。就地保护为主、迁地保护为辅的保护策略可以最大限度地保存遗传基因。

4.藤枣，又名苦枣，木质藤本，具有益气滋阴，补血活血的功效。中国仅此一属一种，对热带植物区系研究有意义。仅见于云南西双版纳景洪，个体极少，被列为国家一级重点保护野生植物。

## 四、小视野

2020年3月3日是联合国第7个"世界野生动植物日"。当日，国家林业和草原局表示，我国的大熊猫、亚洲象、藏羚羊等濒危野生动物已扭转了持续下降的态势，德保苏铁等野生植物居群稳定增长。

近年来，我国通过加强野生动物栖息地保护和拯救繁育，严厉打击野生动物及象牙等动物产品非法贸易，建立健全法律体系，构建野生动物疫源疫病主动预警和监测体系等措施，不断强化濒危野生动物保护。

同时，我国还采取就地保护、迁地保护、回归自然等措施，持续开展珍稀濒危野生植物保护。目前，我国共建立1.18万处自然保护地，约有65%的国家重点保护野生植物和极小种群野生植物得到保护。通过对德保苏铁、华盖木、百山祖冷杉、天台鹅耳枥、普陀鹅耳枥等近百种极小种群野生植物实施抢救性保护，部分濒危物种种群数量逐步恢复。

国家林草局表示，我国自1981年加入《濒危野生动植物种国际贸易公约》(CITES) 以来，认真履行国际义务，采取了一系列比CITES更严格的措施，在完善监管执法、打击非法贸易、推进履约合作、提高公众意识等多方面取得了显著成效。我国将以"维护全球生命共同体"为主题，在全国开展2020年"世界野生动植物日"宣传活动。

## 五、探究活动

　　请查找资料，以小组为单位，设计一张海报，介绍一种你们最感兴趣的濒危动植物及人类为保护它们做出的努力。

# 第十课
# 劳动创造人本身

人类为了生存必须劳动，又在劳动中学会了制造工具。随着不断劳动和劳动工具的改进，人类也一直在进化，在改造大自然的同时，也改造着人的大脑。正如伟大的思想家恩格斯所说："劳动创造了人本身。"

# 劳动创造人类文明

人类掌握了语言文字，从此与其他动物有了显著区别。人类通过劳动掌握了制造技术，从此走上了征服自然的道路。数万年，乃至数十万、数百万年的人类发展历史过程中，人类通过劳动产生了哪些有趣的历史呢？

一、制造石器

7个智人安静地埋伏在草丛里、大树后，等待着猎物慢慢进入陷阱。可惜，他们运气不好，一连几天都没有捕到猎物。正当他们准备放弃的时候，忽然发现一只落单的大象远远地向他们走了过来。虽然大象不是他们理想中的猎物；但为了生存，哪怕有死伤，也要拼死一搏了。

智人之所以敢捕猎大象，是因为他们可以制造锋利、结实的石器作为狩猎武器，并能进行团队作战。也因此，很多凶猛的野兽都成了智人的盘中餐。

这时的人类还处于石器时代，已经可以制造数十种石器了。制造石器这么一件看上去很简单的事情，却花费了人类200多万年的时间。后来，人类还逐渐掌握了农业种植、家畜饲养、陶瓷制造等技能，在残酷的大自然中，生存能力得到提高，人也逐渐脱离普通动物属性，逐步进化为高级群居动物。

终于有一天，人类偶然掌握了冶金技术，才磕磕绊绊地进入了制造金属器件的时代。于是，人类前进的步伐开始加速了。

二、金属冶炼

在雄伟的巴比伦城堡外 5 千米处，驻扎着一支几万人的大军。军营的东北角时不时传来"叮叮咚咚"的声音。原来是几百个壮汉正在夜以继日地制造兵器。他们在冶炼一种红铜（天然铜），将其制造成武器，变为古巴比伦王国对外扩张的杀手锏。

因为最早掌握了红铜的冶炼技术，巴比伦的铜师傅、能工巧匠们制造出了更长、更复杂、更尖锐的兵器，军事实力远远领先于石器部落。于是，凭着武器的优势，古巴比伦国王带领军队四处征伐，版图不断扩大，逐渐成为一个日益兴盛的庞大帝国。

当其他国家逐步掌握了红铜制造技术，古巴比伦帝国又进行了技术升级，掌握了铁器制造技术，武器更加坚固，继续保持着强大的军事实力。

公元前 2 000 年左右，华夏大地上的青铜器制造技术也已经炉火纯青了。"炉火纯青"这个成语说的就是青铜合金的冶炼过程。当冶炼炉里的火焰变成青色，说明青铜合金里面的杂质全部挥发完，一个完美的青铜器就可以出炉了。

这一时期，冶金铸造技术还是标准的手工劳动，是打铁匠们、能工巧匠们甩开膀臂，"哼哧哼哧""乒乒哐哐"敲打出一件件金属器件。这些器件成为人类改造大自然的利器，也成为战争杀戮的凶器。人类文明史就这样随着金属制造水平的提升而降临、沉沦、升华，螺旋式前进。

## ◎ 圆桌派

1. 了解了古时人类通过劳动产生的历史，你印象最深的是什么呢？

_____

_____

_____

2. 劳动生产与制造技术发展之间的关系是怎样的？

_____

_____

_____

3. 想象一下，未来我们人类会往什么方向发展？

_____

_____

_____

## 🌀 活动坊

### 活动1：试一试

#### 我是小小工匠师

小组合作：利用两张报纸和若干根小木棍，搭一座承重能力尽可能强的桥，看看哪一组的桥承重能力最强。

### 活动2：家庭劳动体验日

陪家人一起购买日常用品，为家人做一顿饭，为厨房做一次清洁，为家人整理一次卧室，拖一次地。

## ◉ 拓展营

创新小发明，选择一个自己感兴趣的小发明进行制作：

（一）自制羽毛球

准备材料：矿泉水瓶一个，泡沫网套两个，橡皮筋两根，玻璃珠一个。

制作过程：

1.将矿泉水瓶的上半部分剪下。

2.将剪下的上半部分平均分为8份，剪至瓶颈处，然后将每一份剪成大小一致的花瓣形状。

3.将泡沫网套套在瓶身外，并用橡皮筋固定。

4.用另一个泡沫网套裹住一粒玻璃珠，塞进瓶口，塞紧。

5.美化修饰后，一只自制羽毛球完成了。用羽毛球拍打一打，看看效果怎么样。

（二）自制香皂纸

制作材料：吸湿性较好的白纸，一块香皂，一支毛笔和一个饮料罐。

制作方法：将香皂切碎后放在饮料罐里，在饮料罐中加入适量的水，然后把饮料罐放在炉子上加热；等香皂融化，将白纸裁成火柴盒大小，放入香皂液中，再取出阴干就成了香皂纸。

（三）自制热气球

1. 用软纸做一个类似热气球形状的口袋。

2. 在口袋边缘用胶带粘四根细线，在细线的下端绑一个比较轻的小纸杯。

3. 将电吹风的速度调慢，吹风口向上对准口袋底部的开口，打开开关。口袋会慢慢变大拉紧细线并且离开桌面。

## 创新改变了人类文明

人类的许多发明改变我们了生活方式，提高了我们的工作效率，其中一部分有关制造业的神奇创新，推动了人类文明的进步。

电灯泡：电灯泡发明于 19 世纪，如今，电灯泡的使用已普及全球各地。最初的电灯泡是白炽灯，现在，荧光灯和 LED 节能灯更加普遍，因为它们的使用寿命更长。

玻璃：玻璃的主要成分与我们常见的沙子的主要成分相同，熔化一些沙子，就能析出液体的玻璃。玻璃被发现于 5 000 年前，它有着诸多用途。

浮法玻璃：该技术产生于 20 世纪 50 年代，是在熔化的锡层上浮动熔化玻璃。该技术加快了巨型玻璃板的制造速度，同时也降低了制造成本。

铸铁：铸铁是熔化后的生铁铸造而成。它的熔化温度较低，容易塑造出形状。它在压力下不会变形，但在张力下易碎。

　　碳纤维：碳纤维是强劲而轻量的纤维增强塑料。它拥有很高的强度重量比，既可以变得坚硬，又可以变得柔软。

　　合金：合金是金属元素的混合物。不锈钢、黄铜、铝合金等都是合金。不锈钢是铁和铬的合金，不易被腐蚀，且容易清洁。硬币也大多使用合金来制造。合金的性价比较高，成本较低，且用途广。

# 第十一课
# 保持边界感

德国哲学家叔本华说："人就像寒冬里的刺猬，相互靠得太近，会被刺痛；彼此离得太远，又会感觉寒冷。"这形象地说明，人与人之间需要相互依靠，又需要保持一定的距离，才能使双方都感到和谐、舒适。这个距离实际上是一种边界感。

# 朋友之间不分彼此吗？

　　每个人都需要朋友；但是，我们也需要有自己的个人空间和隐私。有些东西可能是我们不愿意分享的，有些事情可能是我们不愿意说的。有些时候，我们不想要热闹，希望能和别人保持距离，能够一个人独处。就像是每个人都有一块属于自己的"私人领地"，我们不希望别人随意踏入私人领地的边界。这就需要我们彼此尊重，保持边界感。要时常反思自己的行为是否越界了。

小军和东东是同班同学，又住在同一个小区，他们经常一起上下学，有时候还会到对方家里一起写作业、玩游戏，是关系不错的好朋友。小军是一个开朗热情、待人慷慨的人；但是，有一个问题让东东很苦恼，那就是小军"太不把自己当外人"了。小军进东东房间从来不打招呼，总是大咧咧地推门就进；看到新奇的东西，就乱翻一气；要是碰到自己喜欢的漫画书或者玩具，小军就会说："把这个借我两天！"还没等东东答复，就已经顺手把东西塞进自己书包里了。如果东东表露出不情愿，小军就会说："别小气！咱俩之间不分彼此。"东东只好不了了之。一天晚上，东东和小军讲了自己生活中的一件糗事，千叮咛万嘱咐小军一定要保密，绝对不能告诉别人；可是，第二天上午，小军就忍不住把东东的糗事当作笑料在班里宣扬出来。东东很难过，觉得小军辜负了自己的信任；

小军却觉得没什么大不了，朋友之间开个玩笑而已。这件事情发生后，东东不再主动去找小军一起玩了，也不再和小军分享自己的心情。小军呢，他很苦恼，不明白东东和自己的关系为什么会变得疏远了。

在这个故事里，小军的行为是缺乏边界感的，他一味地满足自己，却忽视了好朋友东东的情绪感受和需要。其实，在日常生活当中，我们自己也会出现和小军一样的问题。越是关系亲近的人，我们越容易打着"都是自己人"的旗号把自己的意愿强加于人。碍于情面，对方只能一次次地忍让、迁就。长此以往，对方在这样的关系中感到身心疲惫，没有自我。这样的关系自然是不和谐的，是难以持久的。一段好的关系不应该是不分彼此，而应保持边界感。彼此之间相互尊重，相互理解，不僭越，不冒犯，更不能强人所难。

## ◎ 圆桌派

1.你身边有没有发生过和故事中类似的事呢？

_____

_____

_____

2.好朋友应该不分彼此吗？

_____

_____

_____

3.如何在和朋友、家人相处过程中保持边界感呢？

_____

_____

_____

## ✿ 活动坊

### 活动：情景剧扮演

在公共场合注意保持边界感是一种个人修养，体现在我们的言行举止上。例如，在公共场所，不大声喧哗，不追逐跑闹；人多的时候，要排队并注意保持距离。

1. 小组交流，说一说人们在公共场合因为缺乏边界感而出现的一些问题。

2. 情境复现：小组角色扮演，把当时的问题情境复现出来。

3. 小组讨论，找出应对问题的策略。

# ⟲ 拓展营

## 拓展：测一测

如果你身处一个非常拥挤的电梯，可能会感觉很不舒服，这种不舒服不仅是身体上的，更多的是心理上的。这是因为，与陌生人之间太过紧密的距离突破了你的个人边界。

人际关系性质和所处情境不同，所需要的空间距离也不同。美国人类学家爱德华·霍尔博士划分了四种人际距离：

1. 亲密距离（0—0.5米），通常用于父母与子女之间、夫妻或恋人之间。在此距离上，双方可感受到对方的气味、呼吸、体温等私密性刺激。

2. 个人距离（0.45—1.2米），一般是用于朋友、较为熟悉的人们之间，比如亲切握手、交谈。

3. 社会距离（1.2—3.5米），一般是工作场合和公共场所更加正式的交往关系。如上下级关系、顾客与售货员之间、医生与病人之间等。

4.公众距离（3.5—7.5米），用于进行正式交往的个体或陌生人之间，这时的沟通往往是单向的。例如，演讲、开会发言等。

一般来说，1.2米是人与人之间的安全距离。除非是特别信任、熟悉或者亲近的人；否则，不论是说话，还是其他交往，逾越了这个距离，会容易让人产生不安感。

试着测一测你的安全距离是多少吧！

## ◎ 小视野

读一读下面的故事，说一说你如何理解"君子之交淡如水"。

### 君子之交淡如水

薛仁贵是唐代的一位名将，在他参军之前，家里穷困潦倒。

他与妻子住在一个破窑洞中，有时好几天都吃不上饭。他的好友王茂生，虽然也家境贫寒，但每次看到好友挨饿受冻，都会拿出仅剩的口粮接济薛仁贵。

后来，薛仁贵应征入伍，跟随李世民东征。薛仁贵有着一身好武艺，打战时特别勇猛，因而立下赫赫战功，被皇帝赏识，屡受拔擢。

薛仁贵当上大将军后，前来王府送礼祝贺的文武大臣络绎不绝；但这些贺礼都被薛仁贵婉言谢绝了，只收下了王茂生送来的两坛"美酒"。酒坛一打开，负责启封的下人吓得面如土色，因为他发现坛中装的是清水。薛仁贵见状，不但没有生气，反而当众饮下三大碗。在场的人都不明所以，薛仁贵说："我过去贫寒落难时，全靠王茂生夫妇的救济。今天，王兄即使因贫寒送来清水，也是专门来此表达他的一番美意。这就叫'君子之交淡如水'。"

"君子之交淡如水。"亲而有间，疏而有密。彼此之间互敬互重而不依附，心意相通，彼此成就而无所求。

# 第十二课
## 过 年

过年，即"过春节"。春节不仅是中国人的节日，目前已有包括加拿大、菲律宾等在内近 20 个国家和地区，把中国春节定为整体或部分城市的法定节假日。春节期间，各个地区都会举行形式丰富多彩、带有浓郁地域特色的庆祝新春活动，借此抒发对幸福和自由的向往。

# 过年就要和家人一起

　　屋外，爆竹声声映衬着火红的灯笼、喜庆的对联；屋内，围坐一圈的家人，餐桌上摆满冒着热气的美味佳肴，暖得如同春天一般。忙了一年到头，年终，大家团圆在一起，开开心心地吃年夜饭。小的时候，总盼着过年，感觉年夜饭就是一年里最好吃的饭菜。

　　除夕夜一到，大家都换上新衣服，迎接新年的到来。那时候，没有网上购物，新衣服都是妈妈不知熬了多少个日夜一针一线做出来的，够厚够暖，还总大一号。老一辈人都说，这样是希望孩子来年健健康康长大。爷爷说，他那个年代，年夜饭没有那么丰富，家家户户都是煮一大锅饺子，全家吃饺子。包饺子的时候，总会在几个饺子里放一枚硬币，看谁能成为吃到硬币的幸运儿。兄弟几个为了吃到硬币，吃饺子吃到撑了，但望着碗中刚加的饺子，一狠心就又吃了。爸爸说，后来，日子过得好点儿了，年夜饭从单一的饺子变成有鱼有肉的各种菜式，奶奶每次都把最大的鸡腿夹给最小的爸爸。过年团圆的日子慢慢流行起拍全家福，这是一份全家的纪念也是期盼，期盼往后的日子全家团圆幸福！再往后，除夕夜必不可少的是春晚。一家人早早地吃完年夜饭，坐在一起，吃着零食，看着春晚，聊着闲天，热热闹闹，满室温情。

年年岁岁，细细想来，年夜饭在我们心中沉淀最深的，不是那天的美食，不是爆竹声声，不是春晚，而是心底对家人健康和团圆陪伴的期盼！

随着时代的变迁，不少年轻人开始尝试新鲜的过年形式，体味另一番年味。一个叫作"我还渴望上路"的网友分享了她带着父母在旅行路上过年的故事。从巴厘岛到迪拜，从奥地利到美国，从菲律宾到斯里兰卡，她的旅行是带着父母家人一起体验的。谈起带父母旅行的初衷，她说："父母这辈人是苦日子过来的，年轻时没有赶上好时候，我只想通过自己的方式让他们过得幸福。"有时，在旅途中正当春节，一家人就索性在当地过年了。她分享说，即使在国外过年，爸爸、妈妈也会做一桌美味的年夜饭，祈愿这一年平平安安。或许，我们会觉得在国外过年没有年味，但在他们旅行的这些年来，旅途中有快乐的回忆，也一起遭遇过窘境，就会更加明白，此时的健康和陪伴比什么都更珍贵。带着这样的感恩和珍惜的心情，才是真正的过年！

虽然时代在变，过年的习惯也一直在变；但人们对家人健康和团圆的期待一直不变。这份对家人的珍惜之情，才是亲情最美好的样子。过年回家吃年夜饭，"家"不只是一间房子，"年夜饭"更不只是一顿大鱼大肉，回家过年是为了家人在一起时的那份快乐和幸福感。

## ⊚ 圆桌派

1. 你了解的过年习俗有哪些？

_____

_____

_____

2. 你眼中的过年是怎样的？

_____

_____

_____

3. 你认为春节的意义是什么？

_____

_____

_____

## ◎ 活动坊

### 活动1：小调查

在我国，即使是同一个节日，在不同的地区也有不同的过法。请小组分工合作，采访不同地区的同学或朋友，了解不同地区春节的习俗或活动，并整理在下表中。

| 我所了解的春节习俗 | |
| --- | --- |
| 地区 | 习俗 |
| | |
| | |
| | |
| | |

## 活动2：读一读

你从下面的节日歌中知道了哪些传统节日？请试着选取一个中国传统节日，简单说说它的来历、意义或习俗。

正月初一是春节，

张灯结彩好热闹；

正月十五闹元宵，

提起灯笼月下跑；

四月五日扫墓去，

只因清明快来到；

五月五，是端午，

赛龙舟，粽香飘。


七夕牛郎会织女，

七月初七架鹊桥；

八月十五月儿圆，

吃着月饼中秋到；

九月初九插茱萸，

重阳登高又敬老；

腊月尾，是除夕，

放爆竹，团圆笑。

## ◎ 拓展营

### 拓展：说一说

虽然有些国家不过年，但是也有属于他们的节日。在美国、英国、加拿大、德国等西方国家，每年的 12 月 25 日是他们最隆重的节日——圣诞节。圣诞节也叫耶诞节，源自古罗马人迎接新年的农神节。请小组讨论，说说你还知道哪些西方节日，并且试着说说你所知道的这个节日对我国的影响。

## 小视野

### 不同国家的春节

"爆竹声中一岁除，春风送暖入屠苏。"一年一度的春节为神州大地增添了满满的喜庆氛围。作为我国的传统节日，春节有着 4 000 多年的历史，从虞舜时期一直延续至今。

春节起源于我国，也延续在我国。那么，是不是只有我国才过春节呢？并非如此！我国作为历史悠久的文明古国，在几千年的发展中，对周边国家的方方面面都有着深远的影响，春节的习俗也不例外。

受中国文化的影响，属于汉字文化圈的东南亚国家都有过春节的习俗，比如日本、韩国、新加坡、越南等。这些国家虽然直接受中国文化的影响，但是很多东西都融入了他们自己的民族特色。我们过春节，贴春联，挂福字，办年货，放爆竹，拜年，发红包，等等。那么，外国的春节是怎么过的呢？有什么不一样的习俗呢？

1. 日本

日本将 12 月 31 日定为"大晦日"，当晚称为"除夜"。除夜时，日本人要全家聚在电视机前看日本的"春节联欢晚会"——红白歌会。到了午夜时，日本各处庙宇都要敲钟 108 下，钟声停歇就意味新年的到来。第二天早上，家人互相讲述除夜做的梦；接着，亲戚朋友相互拜年，长辈也要给小孩压岁钱。

2. 韩国

韩国的春节与我国有很多不同之处：中国人更重视大年

三十，而韩国人更重视大年初一；中国人装红包用红色，代表喜庆，韩国人则用白色，代表纯洁。韩国春节与我国有一点儿相同之处，可能很多人都想不到，那就是春运。每年春节，韩国也会出现交通拥堵、一票难求的情况。

3. 新加坡

新加坡的华人占了全国总人口的四分之三左右，因此，中国人的春节在新加坡也十分被重视。每年春节，新加坡都是全城张灯结彩，锣鼓喧天，华人贴春联，贴福字，年味浓厚。由于新加坡的华人以福建、广东移民居多，所以，新加坡的春节习俗也十分接近中国广东地区。比如，拜年会带两只柑橘，因为广东话中"柑"与"金"同音，"橘"与"吉"同音，"柑橘"便代表了财运与吉祥。

4. 越南

越南的春节仍然保持着很多对自然的敬畏。比如，越南人祭祀灶王爷时要买一条活鲤鱼，等灶王爷像烧掉后，便把鲤鱼放回河中。之所以这样做，是因为民间认为鲤鱼是龙的化身。越南春节还有一个特色就是粽子，但其造型是方形，取自中国传统文化中"天圆地方"之意，而且，个头也比中国的大很多，最大的有两三斤重。

# 综合活动（四）

# 别样的班会
## ——道德两难辩论

共情会促进我们付出代价来帮助他人。与我们越亲近的人，共情程度越高，我们愿为之付出的代价就越高。那么，当共情与正义两相冲突时，你会如何选择？

### 活动一：独立思考

#### 拉古迪亚市长的礼帽

1935年的一天，时任纽约市长的拉古迪亚，旁听了一桩面包偷窃案的庭审。案件中被指控的是一位老妇人，她解释说："这些面包是用来喂养我那两个饿了两天的小孙子的。"法官秉公执法地裁决："你是选择10美元罚款，还是10天拘役？"老太太无奈"选择"了拘役。

审判刚结束，拉古迪亚从旁听席上站起来，脱下自己的礼帽，又从衣袋里掏出 10 美元放了进去，然后，对着在场的人说："现在，请你们每人交 50 美分的罚金，这是为我们的冷漠所支付的费用，以惩戒我们这个要老祖母去偷面包来喂养孙子的城区。"

大家听后神情肃然，每个人都默默地往拉古迪亚的礼帽中放入 50 美分。

请你仔细思考：

1. 你认为老太太偷面包对吗？为什么？

2. 拉古迪亚市长听完审判后做了什么？

3. 你是否认同拉古迪亚市长的做法？

## 活动二：行为判断

胡适说："一个肮脏的国家，如果人人讲规则而不是空谈道德，最终会变成一个有人味儿的正常国家，道德自然会逐渐回归；反之，一个干净的国家，如果人人都不讲规则却大谈道德、谈高尚，天天没事儿就谈道德规范，人人大公无私，最终这个国家会堕落成为一个伪君子遍布的肮脏国家。"

根据上述的思考，请你说一说你所听过或了解的道德两难问题，并小组商讨，尝试说出所认为的最优解决方法。

## 活动三：两难辩论

如果你的好朋友考试作弊，不揭发朋友违反了校纪校规，揭发朋友违背自己的情感道德。

请对"是否会揭发好朋友考试作弊"这一问题进行分组辩论。

正方：会揭发好朋友的作弊行为

反方：不会揭发好朋友的作弊行为

辩论后，请结合生活实际进行思考，说一说你认为怎样做才是对朋友最负责任的。

## 活动四：小视野

### 让校规看守哈佛

牧师生前立下遗嘱，将自己的一块地皮和 20 本古书赠送给哈佛大学。哈佛大学一直把这 20 本古书珍藏在图书馆内，并规定学生只能在馆内阅读，不能带出馆外。

一天深夜，哈佛大学的图书馆意外遭受火灾，很多珍贵的古书毁于一炬。这场火灾让一名学生深受困扰，他经过几番痛苦的思想挣扎，终于怀着惴惴不安的心敲开了校长室的门。原来，在火灾发生之前，他违反图书馆规定，悄悄地把牧师捐赠的一本古书带出了图书馆外，准备读完后归还。而火灾过后，这本被带出图书馆的古书成了稀世珍本。

校长先是表示感谢，并对他的勇气和诚实予以褒奖，然后，就把他开除出校。对此，很多人表示不解。校长没有多做解释，只是重申了哈佛的理念：让校规看守哈佛，比用其他东西看守哈佛更安全有效。

## 陆勇的救命之路

2018 年 7 月，电影《我不是药神》在我国上映，它改编自慢粒白血病患者陆勇代购抗癌药的真实事迹。

陆勇是江苏无锡人，无锡市一家针织品有限公司的老板。2002 年，他去医院检查出患有慢粒白血病。当时，有一种瑞士诺华公司生产的名为"格列卫"的抗癌药可以稳定病情，使患者正常生活，但需要不间断服用。当时，这种药需要 23 500 元一盒，一名慢粒白血病患者一个月需要服用一盒。昂贵的药品费和治疗费用很快就掏空了陆勇的家底。

2004 年 6 月，陆勇偶然间了解到有一款印度的仿制药与"格列卫"的药效几乎一样，而且价格要低得多，一盒仅售 4 000 元。已经山穷水尽的陆勇抱着试一试的心态前往印度购买了仿制药，并开始服用。

同年 8 月，他把自己服用印度"格列卫"的情况分享到白血病患者群。

当时，我国大约有 10 万白血病人。这一消息让群里的患者仿佛抓住了救命的稻草，纷纷找陆勇代购印度"格列卫"，人数达数千人。印度"格列卫"的价格也因团购人数众多，一度降到 200 元一盒。因此，陆勇成了病友们口中的"药侠""药神""中国仿制药代购第一人"。

然而，在当时，印度"格列卫"尚没有取得我国进口药品的销售许可，这类药品被定义为"假药"。陆勇也因涉嫌贩卖假药于 2014 年被捕。

陆勇代购仿制药的初衷很简单，就是想帮助更多像自己一样的病友，不再为了国内价格高昂的"格列卫"而苦恼。于是，因陆勇帮忙代购仿制药而救下的 1 000 多名病友联名向法院呼吁，法院最终判陆勇无罪释放。

这一事件在当时引起不小的风波。后来，国家将昂贵的"格列卫"纳入了医保，并且对进口的抗癌药品都执行零关税。

# 生命关怀为本　幸福发展至上

帕克·帕尔默在《教学勇气》中强调："教师留在学生内心深处的一定是关怀和爱。学生或许记不住当年你曾教给他的知识，但你对他的关怀和爱，却让他刻骨铭心。"

人渴望被关怀的愿望无处不在，尤其是对于教育活动中的受教育者而言。关怀，本质上是一种关系。它最基本的表现形式是个体与个体、个体与自然之间的一种连接和接触。教育应当从关系入手，好的教育都是从关怀和信任关系的建立开始的。从某种意义上来说，教育者和受教育者之间的关怀关系能否建立将直接影响教育的成效，因为关怀是全部教育过程中的一个至关重要的问题。教育中的师生关系理应是一种充满了关怀和爱的特殊的人际关系。对于学生而言，当受到教师关怀时，他们内心的生命潜能会极大地被激发，使得他们愿意为给予自己关怀和爱的人而努力拼搏、积极向上。对于教师而言，最幸福的事莫过于看到学生对于自己关怀行为的接纳和回应，即自己的教育关怀促进了学生个体生命的成长。

"小学生生命关怀书系"作为全国教育科学"十三五"规划课题"基础教育学校关怀文化培育的实践研究"（课题批准号FHB180604）的研究成果，以关怀教育为着力点，让个体生命在与他人遇见、连接、理解中不断开放和敞亮自我，重视彼此生命的体验和感受，建立彼此平等、信任、自在的"我—你"关系，让个体生命在"经历"和"体验"中学习关怀的知识以及习得关怀的能力。一个拥有关怀力的个体生命才有可能与他人构建健康的、友善的、温情的、充满了关怀和爱的关系，也才更容易感受到来自他人的关怀和爱。在充满关怀和爱的关系中，个体双方彼此都乐于倾听、乐于了解、乐于分享、乐于共担，继而才有可能获得完整幸福的人生。正如内尔·诺丁斯所说："幸福就是知道有许多人爱我，我也爱许多人。"

"小学生生命关怀书系"总计有六册，每年级一册，既可以作为校本教材使用，也可以作为学生的课外阅读书籍。本书系旨在培养学生的关怀素养和关怀能力，让个体生命在拥有了关怀力后变得"诚实、谦逊、接纳、包容、感恩、充满希望"。本书系根据小学生身心成长特点和教育发展规律，按照六大主题进行编写。

第一册：《我的微笑很灿烂》。本册的主题是微笑。微笑是人类最美的语言，也是全世界的通用语言。不同种族、不同年龄的人都能接收到微笑所表达的善意、鼓励、宽容和期待。一个始终对他人、对世间万物保持微笑的人才有可能以积极、乐观的心态面对人生路上的一切艰难险阻，才能最终获得人生的幸福。通过本册书的学习，学生学会向自己、向他人、向世间万物发出来自心底的微笑，借由微笑释放关怀信号，传递善意，释放爱心和温暖。

第二册：《你的声音很动听》。本册的主题是倾听。歌德认为："对别人述说自己，这是一种天性；认真对待别人向你叙说他自己的事，这是一种教养。"倾听既是一种教养，也是对他人的尊重、理解和支持。通过本册书的学习，培养学生学会倾听自己、倾听他人、倾听世间万物述说的习惯和能力，使学生能够接受来自他人的意见、建议、关注和关爱，并能予以积极友善的回应。

第三册：《我的关怀很温暖》。本册的主题是遇见。一生中，我们会遇见父母、亲人、老师、同学、朋友和世间的万事万物，所有的相遇都会形成一种关系。通过本册书的学习，培养学生感受关怀和爱的能力，鼓励学生用心去感受各种关系中所释放出来的温暖与善意，能心随身到，设身处地与他人、他物共情。

第四册：《你的心意很温馨》。本册的主题是理解。理解是构建个体与个体之间良好关系的关键。多一分理解，就多一分温暖；多一分理解，就多一分感动；多一分理解，就多一分融洽；多一分理解，就多一分美好。通过本册书的学习，使得学生明白理解永远是相互的，在理解他人善意和关怀的同时，打开自己的身心，释放自己的善意与回应，各自的生命状态才会出现积极可喜的变化，个体生命之间才能建立关怀关系。

第五册：《我的成长很快乐》。本册主题是悦纳。成长是个体生命的必经之路，人的成长没有既定的路径图，个体在各自的生命成长中都会体会到不同的快乐、不同的烦恼以及相似的痛苦经历。通过本册书的学习，使得学生可以从他人的成长经历中获得借鉴、汲取经验，从而可以悦纳自我和他人，在悦纳中感悟人生的真谛，在克服困难中不断成长为最好的自己，并享受自我成长的快乐。

第六册：《你的梦想很美丽》。本册主题是憧憬。每个人都拥有对未来的憧憬，可是"未来不是我们要去的地方，而是需要我们去创造的地方"。通过本册书的学习，使得学生不仅能够正确地认识自我、认识世界、认识未来，还能积极地做好身心各方面的准备，主动地去拥抱未来、创造未来。

"小学生生命关怀书系"的编写，得到了很多专家和同人的大力支持。首先，我要感谢中国教育学会常务副会长刘堂江先生、南京师范大学资深教授班华先生、北京师范大学教育学部学术委员会主席檀传宝教授、教育部教育发展中心副主任陈如平研究员、深圳市罗湖教科院附属学校校长李隼博士，感谢他们对本书系的编写给予的大力支持和精心指导；其次，我要感谢黄蓓红、王杰、吴湘梅、范菅媛、王凯莉、何佳华、曹聪、胡禛、杨秋玲、李亚文、饶珊珊、毛婷婷、陈怀超，感谢他们在编写过程中不辞辛劳多方查找资料所付出的辛勤劳动；书中精美的插图是由陈怀超、万逸琳、余启健、黄惠慈所绘，在此一并表示感谢；我还要感谢知识出版社社长姜钦云先生，当我刚有编写这套书的设想时就得到了他的高度认同和鼓励，他还从一个出版人的角度给出了宝贵的专业意见；最后，我特别要感谢檀传宝教授在百忙中为本书系所作的序言，作为国内倡导、研究关怀教育第一人，檀传宝教授不仅帮助我们厘清了关怀教育的真谛，还勉励我们在教育教学实践中努力探索实现真正有效的关怀。

英国著名教育家怀特海认为："教育的目的在于激发和引导学生走上自我发展之路。"而关怀则是激发和引导学生走上自我发展之路的最佳途径之一。沉浸在爱和关怀的氛围中，个体生命的潜能是无限的。我相信，"小学生生命关怀书系"在给学生们的童年生活带来难忘的体验的同时，也将促使他们学会关怀自我，关怀他人，关怀知识，关怀自然和物质世界，在他们个体生命成长过程中留下永恒的记忆。相信他们在今后的人生道路上，只要拥有了关怀力，不论遇到任何艰难险阻，都能保持积极乐观的心态去解决问题，创造属于自己的未来。

李　唯

2021 年 2 月　于深圳